Üben ❶ Welche Buchstaben gehören in die Lücken? Ergänze das Alphabet.

A ▢ ▢ ▢ E ▢ ▢ ▢ ▢ ▢ K

▢ ▢ ▢ ▢ ▢ ▢ R ▢ ▢

W ▢ ▢ Z

Üben ❷ In diesen Alphabetschnecken fehlen immer zwei Buchstaben. Schreibe sie auf und bilde daraus das Lösungswort.

Lösungswort: EINFACH ▢ ▢ ▢ ▢ ▢ !

Grundwissen
Das Alphabet

Lösung ❶ Für 0 Fehler im Alphabet gibt es 2 Punkte. Für 1 Fehler gibt es noch 1 Punkt. Bei mehr Fehlern gibt es keinen Punkt.

A B C D E **F G H I J** K **L M N O P Q** R **S T U** V **W X Y** Z

Lösung ❷ Für jeden gefundenen fehlenden Buchstaben gibt es 1 Punkt. Für das Lösungswort gibt es ebenfalls 1 Punkt.

1. Schnecke: K, L
2. Schnecke: A, S
3. Schnecke: E, S

Lösungswort: EINFACH KLASSE!

Üben ③ Schreibe diese Sportarten nach dem Alphabet geordnet auf.

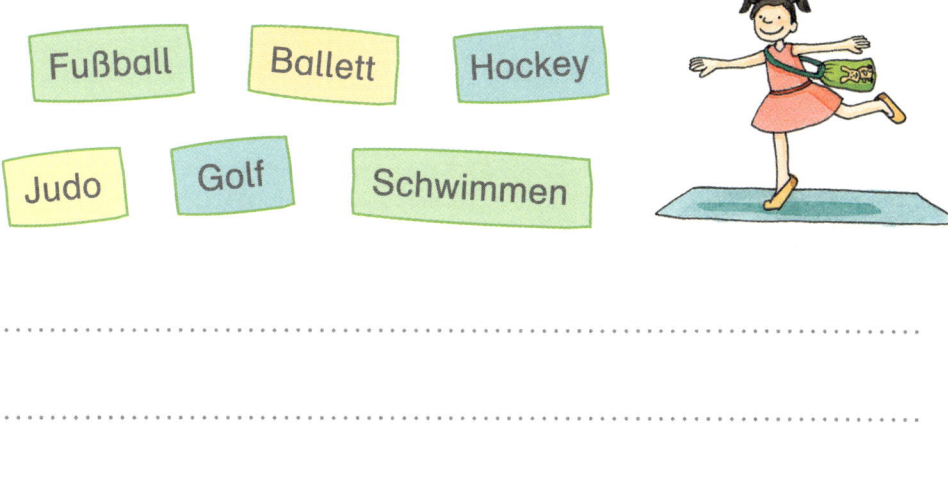

Fußball Ballett Hockey

Judo Golf Schwimmen

....

....

....

Üben ④ Diese Wörter beginnen mit dem gleichen Buchstaben. In welcher Reihenfolge stehen sie im Wörterbuch? Trage die Nummern ein.

Freund   fangen   Fluss

2 Fisch   Foto

Grundwissen
Das Alphabet

Lösung ❸ Sind alle Wörter richtig geordnet, gibt es 6 Punkte. Für jedes falsch eingeordnete Wort wird ein Punkt abgezogen.

Ballett, Fußball, Golf, Hockey, Judo, Schwimmen

Lösung ❹ Für jedes richtig nummerierte Wort gibt es 1 Punkt.

5 Freund   1 fangen   3 Fluss

2 Fisch   4 Foto

TIPP

Achte beim Ordnen von Wörtern nach dem Alphabet zunächst auf die Anfangsbuchstaben. Beginnen die Wörter mit dem gleichen Buchstaben, achte auf den zweiten.

Üben ⑤

In diesem Wort sind alle fünf Selbstlaute versteckt. Kreise sie ein und schreibe sie auf.

AUTOREIFEN

Üben ⑥

Verbinde, was zusammengehört. Setze in jede Lücke den richtigen Umlaut ein.

eine Kuh

ein Apfel

eine Nase

viele _ pfel

viele K ü he

ein N _ schen

ein Kuss

ein Vogel

eine Blume

ein Bl _ mchen

viele V _ gel

viele K _ sse

Grundwissen
Selbstlaute und Umlaute

Lösung ⑤ Für jeden Selbstlaut gibt es 1 Punkt.

A U O E I

Lösung ⑥ Für jedes richtige Paar gibt es 1 Punkt.

eine Kuh – viele K**ü**he ein Kuss – viele K**ü**sse
ein Apfel – viele **Ä**pfel ein Vogel – viele V**ö**gel
eine Nase – ein N**ä**schen eine Blume – ein Bl**ü**mchen

TIPP

Selbstlaute sind Buchstaben, die ohne die Hilfe eines anderen Lautes klingen. Auch **Ä/ä, Ö/ö** und **Ü/ü** sind Selbstlaute, nur mit Pünktchen. Man nennt sie Umlaute. Bei manchen Wörtern braucht man einen Umlaut, um die Mehrzahl zu bilden.

Üben ⑤   **Punkte**   **Üben** ⑥   **Punkte**

Üben ❼ Wie viele Mitlaute haben die Wörter?
Kreise die Mitlaute ein und notiere die Anzahl.

S(ch)u(l)e 4   Marmorkuchen

Hund   Stofftier

Geburtstag   Pirat

Üben ❽ Hier siehst du nur die Mitlaute von Wörtern.
Kannst du die Wörter erkennen? Lies laut und schreibe
sie mit Selbstlauten auf.

Bll: der

Tr: das

Rsn: der

Mnnschft: die

Wltmstrschft: die

Grundwissen
Mitlaute

Lösung❼ Für jede richtige Anzahl gibt es 1 Punkt.

S(ch)u(l)e **4**   M(ar)(m)o(r)(k)u(ch)e(n) **8**

(H)u(nd) **3**   S(t)o(fft)ie(r) **6**

(G)e(b)u(rtst)a(g) **7**   (P)i(r)a(t) **3**

Lösung❽ Für jedes richtige Wort gibt es 1 Punkt.

Bll: der B**a**ll   Tr: das T**o**r (oder: das T**ie**r)

Rsn: der R**a**s**e**n   Mnnschft: die M**a**nnsch**a**ft

Wltmstrschft: die W**e**ltm**ei**st**e**rsch**a**ft

TIPP

Mitlaute können nicht alleine klingen. Sie brauchen die Hilfe eines Selbstlauts oder Umlauts.

Üben ⑨ Au/au, Ei/ei oder Eu/eu? Trage die richtigen Doppellaute in die Lücken ein. Schreibe die Wörter dann auf.

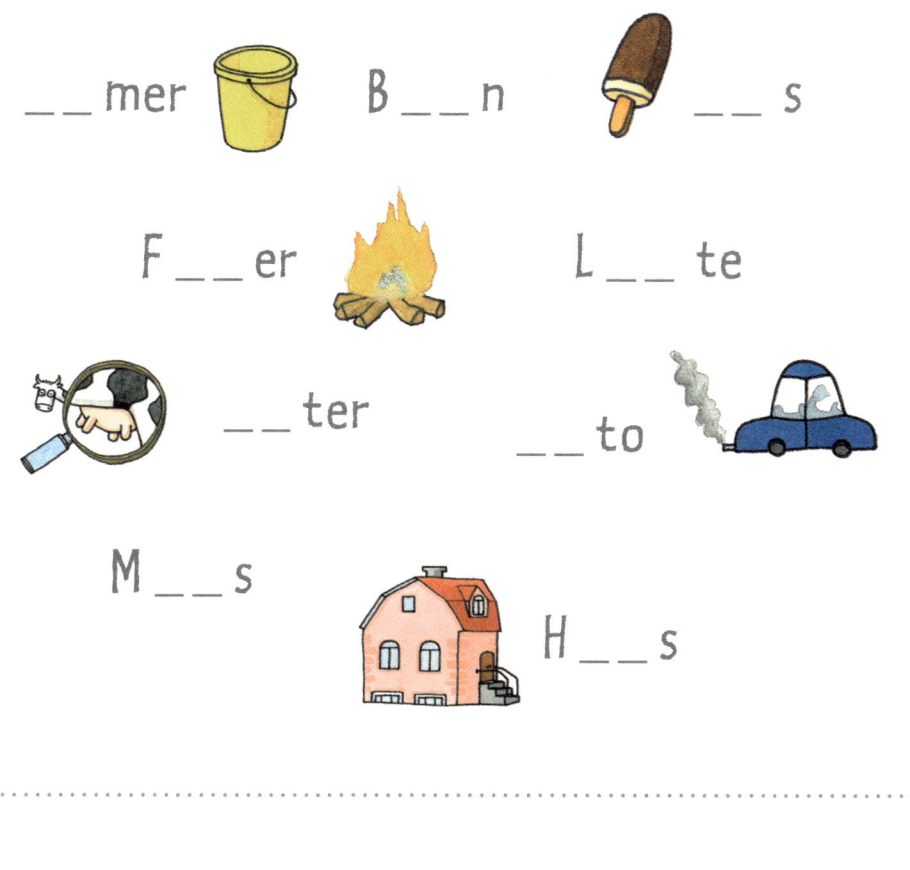

_ _ mer   B _ _ n   _ _ s

F _ _ er   L _ _ te

_ _ ter   _ _ to

M _ _ s   H _ _ s

. . . .

. . . .

. . . .

. . . .

Grundwissen
Doppellaute

Lösung ❾ Für jedes richtige Wort gibt es 1 Punkt.

Eimer, B**ei**n, **Ei**s, F**eu**er (oder F**ei**er),
L**eu**te (oder L**au**te), **Eu**ter (oder **Ei**ter),
Auto, M**au**s, H**au**s

Üben ⑩ Jede Silbe muss einen Selbstlaut oder Umlaut haben. Untersuche die Wörter. Setze dazu Silbenbögen und markiere die Selbstlaute und Umlaute. Schreibe die fehlenden Buchstaben auf.

Mantelknpfe   es fehlt ➤   **ö**

Sonnenblmenkerne   es fehlt ➤

Kinderkranknschwester   es fehlt ➤

Lwenkäfigeingangstr   es fehlen ➤

Baustellenausfhrt   es fehlt ➤

Pausnbrotdosendeckl   es fehlen ➤

Schwimmbadeintrttskarte   es fehlt ➤

Geburtstgskuchnrezept   es fehlen ➤

Lösung ⑩ Für jedes Wort mit richtigen Silbenbögen und Markierungen gibt es 1 Punkt. Für jeden gefundenen fehlenden Buchstaben gibt es ebenfalls 1 Punkt.

Mantelknpfe	es fehlt ⟩	ö
Sonnenblmenkerne	es fehlt ⟩	u
Kinderkranknschwester	es fehlt ⟩	e
Lwenkäfigeingangstr	es fehlen ⟩	ö, o
Baustellenausfhrt	es fehlt ⟩	a
Pausnbrotdosendeckl	es fehlen ⟩	e, e
Schwimmbadeintrttskarte	es fehlt ⟩	i
Geburtstgskuchnrezept	es fehlen ⟩	a, e

Üben 11 Setze die Silben zu Wörtern zusammen.

Schreibe die Wörter nach Silben getrennt auf. Sprich beim Schreiben mit. Du findest alle Lösungen im Bild.

HE   SCHU
~~HAUS~~

Haus		

ZEN   RAN
SCHUL

WET   GEN
RE   TER

GE   VOR
STAN
HANG

Lösung⑪ Für jedes richtig aufgeschriebene Wort gibt es
1 Punkt.

Haus	schu	he	
Schul	ran	zen	
Re	gen	wet	ter
Vor	hang	stan	ge

TIPP

Das deutliche Mitsprechen in Silben hilft dir,
beim Schreiben keinen Buchstaben zu vergessen.
Wenn du flüsterst, störst du in der Schule auch
deinen Nachbarn nicht.

Üben 12

Verbinde die passenden Silben und schreibe die Wörter auf. Sprich die Wörter deutlich und setze Silbenbögen.

schwimm	fen

wer	men

rei	fen

lau	ten

Schu	stift

Blei	le

Ta	se

Pau	fel

....

....

....

....

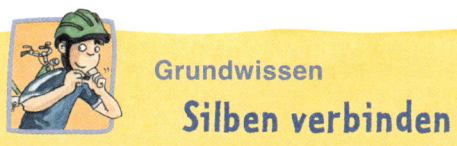

Grundwissen

Silben verbinden

Lösung ⑫ Für jedes richtig verbundene und aufgeschriebene Wort gibt es 1 Punkt.

schwimmen, werfen, reiten, laufen

Schule, Bleistift, Tafel, Pause

Üben ⑬ Mit Nomen werden Personen, Tiere, Pflanzen, Dinge und Gefühle bezeichnet. Man kann sie sehen, anfassen, zählen, haben oder fühlen. Überprüfe die Nomen und kreuze an.

	Kann ich es sehen, anfassen oder zählen?	Kann ich es haben oder fühlen?
das Geschenk 		
die Angst		
der Löwe		
der Schnupfen		
das Wasser		
der Durst		
die Sterne		
die Liebe		
der Junge		

Lösung ⑬ Für jedes richtig gesetzte Kreuz gibt es 1 Punkt.

	Kann ich es sehen, anfassen oder zählen?	Kann ich es haben oder fühlen?
das Geschenk	X	
die Angst		X
der Löwe	X	
der Schnupfen		X
das Wasser	X	
der Durst		X
die Sterne	X	
die Liebe		X
der Junge	X	

Üben ⑬   Punkte

Üben ⑭ Mit Verben kann man sagen, was geschieht oder was getan wird. Verbinde die Grundform der Verben mit den passenden Sätzen. Unterstreiche die Verben in den Sätzen.

Matteo kauft sich ein Eis.

Die Kinder rechnen.

Der Hund rennt auf die Wiese.

Cem steht im Tor.

Eddie schaut über die Mauer.

rechnen

stehen

rennen

kaufen

schauen

Wortarten: Verben

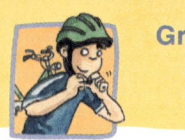

Lösung 14 Für jede richtige Verbindung gibt es 1 Punkt. Für jedes richtig unterstrichene Verb gibt es ebenfalls 1 Punkt.

Matteo <u>kauft</u> sich ein Eis.

Die Kinder <u>rechnen</u>.

Der Hund <u>rennt</u> auf die Wiese.

Cem <u>steht</u> im Tor.

Eddie <u>schaut</u> über die Mauer.

rechnen

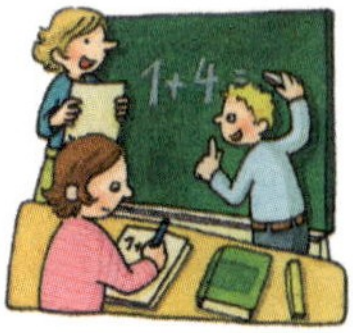

stehen

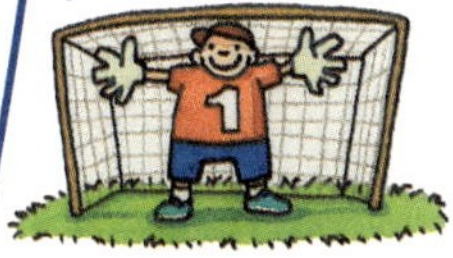

rennen

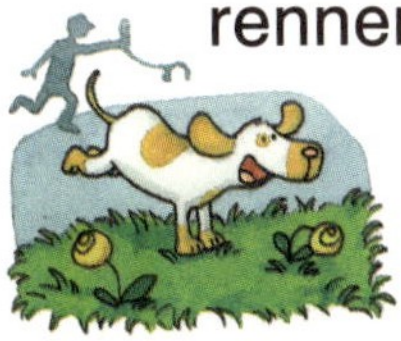

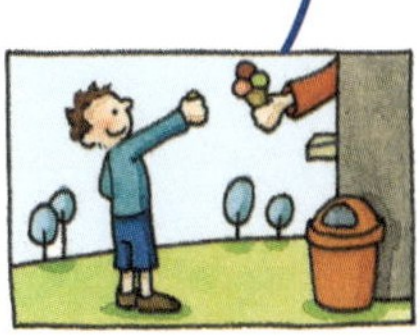

kaufen

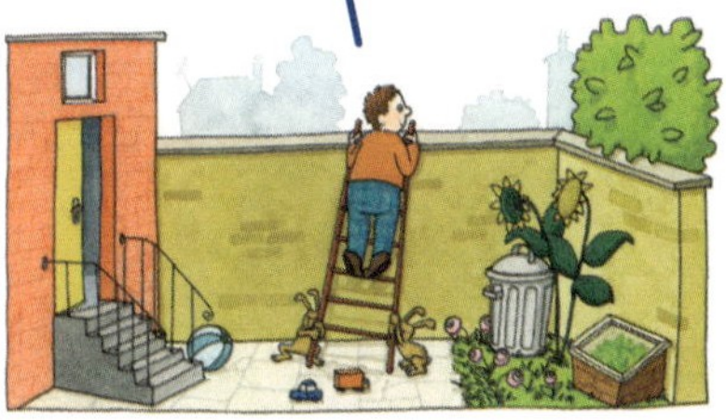

schauen

Üben 14 ☐ **Punkte**

Üben ⑮ Adjektive geben an, wie etwas ist oder wie jemand etwas tut. Kreuze die passenden Adjektive an.

Wie ist die Maus?

groß ☐

klein ☐

Wie sind die Würfel?

eckig ☐

rund ☐

Wie ist die Tulpe?

rot ☐

blau ☐

Wie ist der Nagel?

stumpf ☐

spitz ☐

Wie fliegt die Rakete?

langsam ☐

schnell ☐

Wie schaut Max?

fröhlich ☐

traurig ☐

Grundwissen
Wortarten: Adjektive

Lösung ⑮ Für jedes richtig angekreuzte Adjektiv gibt es
1 Punkt.

Wie ist die Maus?	Wie sind die Würfel?

groß ☐    eckig **X**

klein **X**   rund ☐

Wie ist die Tulpe?   Wie ist der Nagel?

rot **X**    stumpf ☐

blau ☐   spitz **X**

Wie fliegt die Rakete?   Wie schaut Max?

langsam ☐    fröhlich **X**

schnell **X**   traurig ☐

Üben 16

Bestimme die Wortarten. Unterstreiche Nomen blau, Verben rot und Adjektive grün. Sortiere sie in die Tabelle ein.

Tisch spielen fröhlich essen Schmerz bunt Katze Regen wütend schnell regnen kratzen bellen Buch klein

Nomen	Verben	Adjektive

Lösung⑯ Für jedes richtig einsortierte Wort gibt es
1 Punkt.

Nomen	Verben	Adjektive
Tisch	spielen	fröhlich
Schmerz	essen	bunt
Katze	regnen	wütend
Regen	bellen	schnell
Buch	kratzen	klein

Üben 17 Trage in die Lücken **sch**, **ng** oder **ch** ein.

Na........t

wei........

wi........en

di........t

fa........en

Ti........

Ta........e

Schla........e

fre........

bri........en

Stor........

fri........

Kä........uru

Üben 18 Ergänze auch bei diesen Wörtern **sch**, **ng** oder **ch**. Es gibt immer zwei Lösungen.

Kir............e   oder   Kir............e

Wa............e   oder   Wa............e

Bu............   oder   Bu............

wa............en   oder   wa............en

Lösung 17 Für jedes richtige Wort gibt es 1 Punkt.

Na**ch**t, wei**ch**, wi**sch**en, di**ch**t, fa**ng**en, Ti**sch**, Ta**sch**e,
Schla**ng**e, fre**ch**, bri**ng**en, Stor**ch**, fri**sch**, Kä**ng**uru

Lösung 18 Für jedes richtige Wort gibt es 1 Punkt.

Ki**rch**e oder Kir**sch**e
Wa**ng**e oder Wa**ch**e
Bu**ch** oder Bu**sch**
wa**sch**en oder wa**ch**en

TIPP

In der deutschen Sprache braucht man manchmal
mehrere Buchstaben für einen einzigen Laut.

sch – die Flasche   ng – der Ring   ch – das Dach

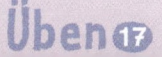 

Üben 19 Trage in den Wortgittern ch, sch oder ng ein.

F	l	a		e
	m	i		en
	B	u		
K	i	r		e
	T	i		
	w	a		en

	K	l	a		
s	p	r	i		en
		j	u		
		s	i		en
		l	a		
		Z	a		e

	D	a		
K	r	a		
K	n	o		en
	L	o		
	K	u		en

Lösung⑲ Für jedes richtig ausgefüllte Gitter gibt es 1 Punkt.

sch

F	l	a	sch	e
	m	i	sch	en
	B	u	sch	
K	i	r	sch	e
	T	i	sch	
	w	a	sch	en

ng

	K	l	a	ng	
s	p	r	i	ng	en
		j	u	ng	
		s	i	ng	en
		l	a	ng	
		Z	a	ng	e

ch

	D	a	ch	
K	r	a	ch	
K	n	o	ch	en
	L	o	ch	
	K	u	ch	en

Üben⑲ ☐ Punkte

Üben 20 Hier sind die Buchstaben durcheinandergeraten. Ordne sie und schreibe das Wort unten auf.

abwahcsen
üttelnsch
uKhcen
tSange
Kcho
Zagne
angfanen
chsneidne
Mchil

Wörter mit **sch**: ....

....

Wörter mit **ng**: ....

....

Wörter mit **ch**: ....

....

Lösung⓴ Für jedes richtig zusammengesetzte und aufgeschriebene Wort gibt es 1 Punkt.

Wörter mit sch: abwaschen, schütteln, schneiden
Wörter mit ng: Stange, Zange, anfangen
Wörter mit ch: Kuchen, Koch, Milch

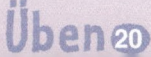

Üben 21 Trage die Wörter in die passenden Kästchen ein.

Spiegelbild ~~Spiegelbild~~ Spaß stehen sprechen

Stroh Stadt Spannung

Strandkorb sparen Sturm

| S | p | i | e | g | e | l | b | i | l | d |

Lösung 21 Für jedes richtige Wort gibt es 1 Punkt.

| S | t | r | o | h |

| S | p | i | e | g | e | l | b | i | l | d |

| s | t | e | h | e | n |

| s | p | r | e | c | h | e | n |

| S | p | a | ß |

| S | p | a | n | n | u | n | g |

| s | p | a | r | e | n |

| S | t | r | a | n | d | k | o | r | b |

| S | t | a | d | t |

| S | t | u | r | m |

TIPP

Wörter, die du am Anfang mit (schp) oder (scht)
sprichst, schreibst du mit **Sp/sp** oder **St/st**.

die **Sp**ur   die **St**ange

Üben 21   **Punkte**

Üben ㉒ Schreibe die Reimwörter mit **Sp/sp** oder **St/st** an die richtige Stelle.

stürzen Stamm

Stange Spatz

Spritze ~~Stein~~ springen

Bein	Wein	Stein
Kamm	Schwamm	
singen	klingen	
würzen	kürzen	
Hitze	Witze	
Satz	Latz	
Wange	lange	

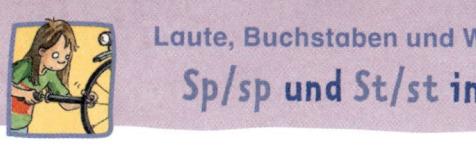
Lösung 22 Für jedes richtige Reimwort gibt es 1 Punkt.

Bein, Wein, Stein

Kamm, Schwamm, Stamm

singen, klingen, springen

würzen, kürzen, stürzen

Hitze, Witze, Spritze

Satz, Latz, Spatz

Wange, lange, Stange

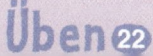

Üben ㉓ Welches Adjektiv passt? Schreibe auf.

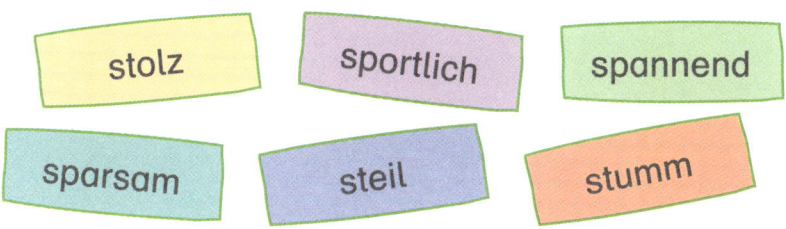

stolz　　sportlich　　spannend

sparsam　　steil　　stumm

Wie muss ein gutes Buch sein?

....

Wie ist jemand, der nicht viel Geld ausgibt?

....

Wie bist du, wenn du etwas geschafft hast?

....

Moritz ist heute .... wie ein Fisch.

Lotta turnt viel. Sie ist

....

Der Weg auf den Berg war ganz schön ....

Lösung㉓ Für jedes richtig eingesetzte Wort gibt es
1 Punkt.

Wie muss ein gutes Buch sein?   **spannend**

Wie ist jemand, der nicht viel Geld ausgibt?   **sparsam**

Wie bist du, wenn du etwas geschafft hast?   **stolz**

Moritz ist heute **stumm** wie ein Fisch.

Lotta turnt viel. Sie ist **sportlich**.

Der Weg auf den Berg war ganz schön **steil**.

Üben 24 Trenne die Wörter durch Striche ab. Ordne sie dann in die richtige Spalte ein.

SPAGATSPINNESTORCHSPIEGELEISTERNSTAUBSAUGERSTIEFELSPRITZESTEMPELSPAGHETTISTUHLSPINAT

Sp	St

Laute, Buchstaben und Wörter
Sp/sp und St/st im Anlaut

Lösung 24 Für jedes richtig gefundene und eingetragene
Wort gibt es 1 Punkt.

Sp	St
Spagat	Storch
Spinne	Stern
Spiegelei	Staubsauger
Spritze	Stiefel
Spaghetti	Stempel
Spinat	Stuhl

Üben 25

Trenne das Blatt vom Block ab. Sieh dir das erste Wort genau an und schreibe es ab. Knicke das Blatt an der grünen Linie nach hinten um und schreibe das Wort auswendig auf. Kontrolliere und mache mit dem nächsten Wort weiter.

die Qualle ....

das Aquarium ....

der Quark ....

quietschen ....

quatschen ....

die Kaulquappe ....

Laute, Buchstaben und Wörter
Wörter mit Qu/qu

Lösung ㉕ Für jedes auswendig richtig aufgeschriebene Wort gibt es 1 Punkt.

Kontrolliere anhand der Wörter auf der Vorderseite.

> ## TIPP
>
> Hörst du beim Sprechen eines Wortes den Laut (kw), musst du das Wort immer mit **Qu/qu** schreiben.
>
> die **Qu**elle   **qu**engeln

Üben ㉖ Schreibe die Wörter mit Artikel in die Tabelle.

Kreuze an, wie das **V** am Anfang klingt.

Ventil   Verband   Vulkan   Vase

Volk   Vampir   Vogelhaus   Vorname

	W	F
das Ventil	X	

Lösung ㉖ Für jedes richtig aufgeschriebene Wort mit richtigem Kreuz gibt es 1 Punkt.

	W	F
das Ventil	X	
der Verband		X
der Vulkan	X	
die Vase	X	
das Volk		X
der Vampir	X	
das Vogelhaus		X
der Vorname		X

Üben 27 Setze die Wörter richtig in die Lücken ein.

viele   vierhundert   vier   vierzehn   vierzig

Ein Glückskleeblatt hat .... Blätter.

.... ist das Doppelte von sieben.

Im Meer leben .... Fische.

Mama wird bald .... Jahre alt.

Opa besitzt über .... Bücher.

Üben 28 Finde vier weitere Zahlwörter, die mit v beginnen. Schreibe sie auf.

....

....

....

Lösung 27 Für jedes richtig eingesetzte Wort gibt es
1 Punkt.

Ein Glückskleeblatt hat **vier** Blätter.
Vierzehn ist das Doppelte von sieben.
Im Meer leben **viele** Fische.
Mama wird bald **vierzig** Jahre alt.
Opa besitzt über **vierhundert** Bücher.

Lösung 28 Für jedes richtige Zahlwort mit **v** gibt es
1 Punkt.

Mögliche Lösungen sind alle Zahlwörter, die mit **vier**
beginnen, z.B. **vier**undfünfzig, **vier**hundertdrei usw.

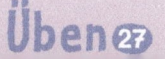 

Üben 29

Der Zauberer kann aus einer Sache viele zaubern. Schreibe die Mehrzahl auf.
Markiere **au/äu** und **a/ä**.

ein Kraut – viele Kräuter

eine Maus – viele

ein Strauch – viele

ein Klang – viele

ein Land – viele

Der Zauberer kann auch alles klein zaubern:

die Katze – das Kätzchen

das Hexenhaus – das

die Tasse – das

der Zauberstab – das

die Pause – das

Lösung 29 Für jedes richtige Wortpaar mit Markierung gibt es 1 Punkt.

ein Kraut – viele Kräuter, eine Maus – viele Mäuse,
ein Strauch – viele Sträucher, ein Klang – viele Klänge,
ein Land – viele Länder

die Katze – das Kätzchen
das Hexenhaus – das Hexenhäuschen
die Tasse – das Tässchen
der Zauberstab – das Zauberstäbchen
die Pause – das Päuschen

TIPP

Aus **au** wird oft in der Mehrzahl und in der Verkleinerungsform **äu**. Aus **a** wird oft **ä**.

| B**au**m | B**äu**me | B**äu**mchen |
| H**a**nd | H**ä**nde | H**ä**ndchen |

Üben ㉚ Trage **äu** oder **eu** in die Lücke ein. Suche ein verwandtes Wort mit **au**. Findest du keinen Verwandten mit **au**, kontrolliere, ob du **eu** eingetragen hast.

viele L ä u se — Verwandter ⟩ eine Laus

viele B e u len — Verwandter ⟩ —

viele R me — Verwandter ⟩ ....

ein H schen — Verwandter ⟩ ....

viele B che — Verwandter ⟩ ....

viele B tel — Verwandter ⟩ ....

viele Z ne — Verwandter ⟩ ....

ein B mchen — Verwandter ⟩ ....

viele L te — Verwandter ⟩ ....

viele M se — Verwandter ⟩ ....

Lösung ③⓪ Für jede richtige Zeile gibt es 1 Punkt.

die L**äu**se	Verwandter >	eine Laus
die B**eu**len	Verwandter >	–
viele R**äu**me	Verwandter >	ein Raum
ein H**äu**schen	Verwandter >	ein Haus
viele B**äu**che	Verwandter >	ein Bauch
viele B**eu**tel	Verwandter >	–
viele Z**äu**ne	Verwandter >	ein Zaun
ein B**äu**mchen	Verwandter >	ein Baum
viele L**eu**te	Verwandter >	–
viele M**äu**se	Verwandter >	eine Maus

TIPP

Nur durch genaues Hinhören kannst du **eu** und **äu** nicht unterscheiden. Findest du aber einen Verwandten mit **au**, weißt du, dass du **äu** schreiben musst.

Üben 31

Welche Wörter gehören zusammen? Male sie jeweils mit der gleichen Farbe an. Welche Wörter haben kein verwandtes Wort? Kreise sie ein und schreibe sie unten auf.

der Bauer

die Freunde

das Gebäude

der Leuchter

schäumen

laufen

bauen

der Traum

der Schaum

läuten

die Bäuerin

der Teufel

träumen

die Scheune

der Läufer

laut

Wörter mit eu: ....

....

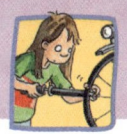

Wörter mit äu und eu

Lösung 31 Für jedes richtig gefundene Wortpaar gibt es 1 Punkt. Für jedes eingekreiste und aufgeschriebene Wort mit **eu** gibt es ebenfalls 1 Punkt.

der Bauer | die Freunde | das Gebäude

der Leuchter | schäumen | laufen

bauen | der Traum | der Schaum

läuten | die Bäuerin | der Teufel

träumen | die Scheune | der Läufer

laut

Wörter mit eu: die Freunde, der Leuchter, der Teufel, die Scheune

Üben ㉜ Prüfe durch lautes Sprechen, ob die Buchstaben hart oder weich klingen, und ordne sie zu.

B/b   P/p   T/t   G/g   D/d   K/k

hart klingend   weich klingend

Üben ㉝ Klingen die Wörter am Anfang hart oder weich? Mache die Pusteprobe und trage den richtigen Buchstaben ein.

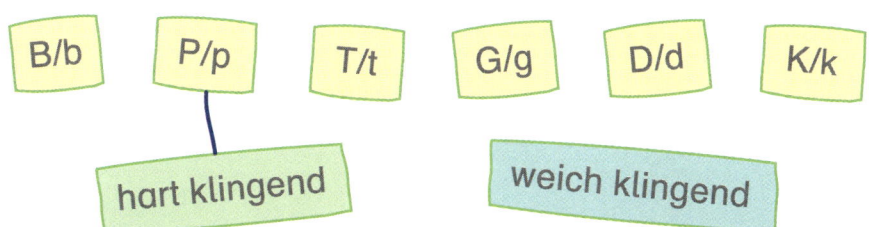

B/b oder P/p?	D/d oder T/t?	G/g oder K/k?
lume	ag	anne
umpe	rache	orken
latt	ach	locke
rett	iktat	ift

Lösung 32 Für jede richtige Zuordnung gibt es 1 Punkt.

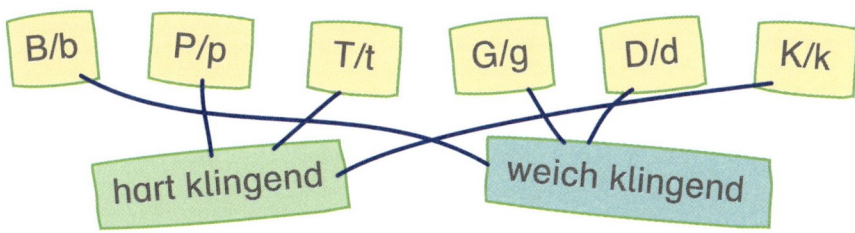

Lösung 33 Für jedes richtige Wort gibt es 1 Punkt.

B/b oder P/p?	D/d oder T/t?	G/g oder K/k?
B lume	**T** ag	**K** anne
P umpe	**D** rache	**K** orken
B latt	**D** ach	**G** locke
B rett	**D** iktat	**G** ift

Üben 34

Schau dir die Bilder an. Sprich jedes Wort deutlich aus und mache die Pusteprobe. Streiche aus, was nicht dazugehört. Ergänze dann unten die richtigen Buchstaben.

ulpe	omate	asse	ose
insel	alme	apagei	anane
aktus	atze	astanie	abel

Lösung㉞ Für jedes richtig durchgestrichene Bild gibt es 1 Punkt. Für jedes richtig ergänzte Wort gibt es ebenfalls 1 Punkt.

T ulpe	**T** omate	**T** asse	**D** ose
P insel	**P** alme	**P** apagei	**B** anane
K aktus	**K** atze	**K** astanie	**G** abel

Üben ㉞ [ ] Punkte

Üben ㉟ Schreibe die Wörter ab und setze Silbenbögen. Kennzeichne dann, welche Silbe du beim Sprechen betonst ↘.

duschen   duschen

Elefant

Regenbogen

Stern

Feder

reden

Gartenzwerg

Üben ㊱ Markiere den betonten Selbstlaut.

Tonne   oben   Salat   Telefon   Schulhaus

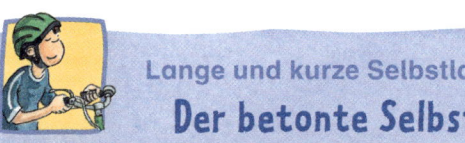

Lange und kurze Selbstlaute

Der betonte Selbstlaut

Lösung㉟ Für jedes Wort mit richtigen Silbenbögen und richtig eingezeichnetem Pfeil gibt es 1 Punkt.

duschen, Elefant, Regenbogen, Stern, Feder,

reden, Gartenzwerg

Lösung㊱ Für jede richtige Markierung gibt es 1 Punkt.

Tonne   oben   Salat   Telefon   Schulhaus

TIPP

Beim Sprechen wird in jedem Wort immer nur eine Silbe betont. Sie kann am Anfang, in der Mitte oder am Ende des Wortes stehen.

das Ufer   die Belohnung   das Gebet

Üben㉟ ___ Punkte   Üben㊱ ___ Punkte

Üben 37 Welche Geräusche klingen lang —,
welche kurz •?

Föhn —

ein Luftballon platzt

ein Glas zerbricht

Rührgerät

Hammer

ein Bus fährt

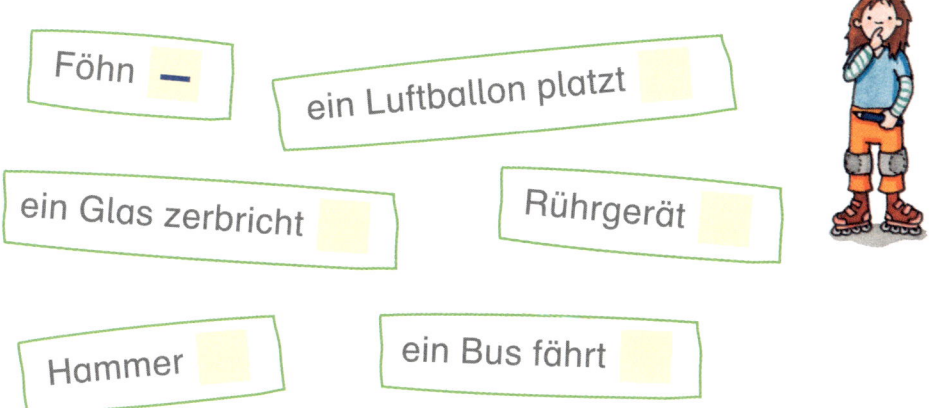

Üben 38 Zeichne ein, ob der betonte Selbstlaut im Wort
kurz • oder lang — ist.

Katze •   Schule —   flitzen

Kamm   Blatt   Buch

lecken   backen   Hase

Ohr   Spur   Stall

Lösung 37 Für jede richtige Lösung gibt es 1 Punkt.

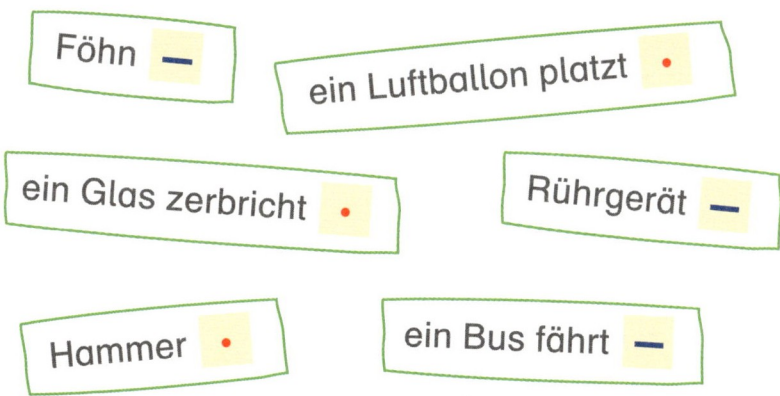

Föhn —

ein Luftballon platzt •

ein Glas zerbricht •

Rührgerät —

Hammer •

ein Bus fährt —

Lösung 38 Für jede richtige Lösung gibt es 1 Punkt.

K<u>a</u>tze	Sch<u>u</u>le	fl<u>i</u>tzen
K<u>a</u>mm	Bl<u>a</u>tt	B<u>u</u>ch
l<u>e</u>cken	b<u>a</u>cken	H<u>a</u>se
<u>O</u>hr	Sp<u>u</u>r	St<u>a</u>ll

Üben 39 Immer zwei Silben ergeben ein Wort. Male sie in der gleichen Farbe an.

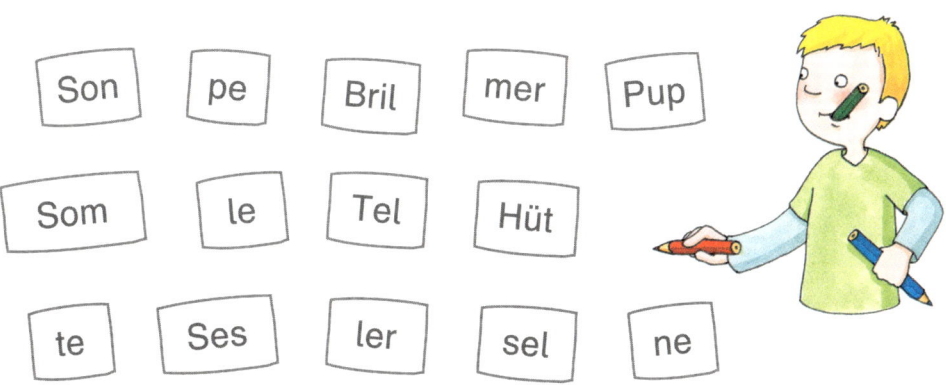

Son	pe	Bril	mer	Pup
Som	le	Tel	Hüt	
te	Ses	ler	sel	ne

Üben 40 Schreibe die Wörter aus Üben 39 mit Artikel auf. Kennzeichne den kurzen Selbstlaut mit einem Punkt und markiere den doppelten Mitlaut.

die Sonne,

Lösung③⑨ Für jedes richtige Wort gibt es 1 Punkt.

Son	pe	Bril	mer	Pup
Som	le	Tel	Hüt	
te	Ses	ler	sel	ne

Lösung④⓪ Für jedes richtig aufgeschriebene und markierte Wort gibt es 2 Punkte.

die Sonne, die Brille, die Puppe, der Sommer,

der Teller, die Hütte, der Sessel

TIPP

Nach kurz gesprochenem Selbstlaut folgen meist mehrere Mitlaute. Es können auch zwei gleiche sein.

 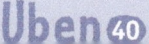

Üben **41** Finde die Reimwörter und schreibe sie auf.
Unterstreiche dann den doppelten Mitlaut.

Grille	Sonne	Suppe
B...............	T...............	P...............

Wanne	Ratte	Butter
T...............	W...............	M...............

blass	krumm
n...............	d...............

Lösung 41 Für jedes richtig aufgeschriebene und markierte Reimwort gibt es 1 Punkt.

Grille	Sonne	Suppe
Bri__ll__e	To__nn__e	Pu__pp__e

Wanne	Ratte	Butter
Ta__nn__e	Wa__tt__e	Mu__tt__er

blass	krumm
na__ss__	du__mm__

Üben ㊷ Finde die Gegensätze und schreibe sie auf.
Ein Spiegel kann dir dabei helfen. Kennzeichne den
kurzen Selbstlaut • und markiere die beiden Mitlaute.

stumpf – **sp**i**tz**

dünn – .... Hitze

zuerst – .... glücklich

sauber – .... eckig

frieren – .... schwitzen

rund – .... schrumpfig

traurig – .... zuletzt

Kälte – .... dick

trödeln – .... spitz

Lösung 42 Für jedes richtige Wort mit richtiger Markierung gibt es 2 Punkte.

stumpf – spitz

dünn – dick

zuerst – zuletzt

sauber – schmutzig (oder: dreckig)

frieren – schwitzen

rund – eckig

traurig – glücklich

Kälte – Hitze

trödeln – hetzen

TIPP

Nach kurzem Selbstlaut werden **z** und **k** verdoppelt. Man schreibt jedoch nicht **zz** und **kk**, sondern **tz** und **ck**.

der Wi**tz**   le**ck**er

Üben ㊸ Den Wörtern fehlt doch etwas! Ergänze **tz** oder **ck** und schreibe die Wörter unten auf.

Gla__e   So__en   Ta__e

Spri__e   Fle__   Hi__e

De__el

Pfü__e   Schne__e

Viere__

Wörter mit tz	Wörter mit ck

Lange und kurze Selbstlaute

Doppelter Mitlaut nach kurzem Selbstlaut

Lösung 43 Für jedes richtig eingetragene Wort gibt es 1 Punkt.

Wörter mit tz	Wörter mit ck
Glatze	Socken
Tatze	Fleck
Spritze	Deckel
Hitze	Schnecke
Pfütze	Viereck

Üben 44

Bei diesen Wörtern verlängert das **h** den Selbstlaut. Präge dir die Wörter einer Zeile gut ein, decke sie ab und schreibe sie auswendig auf. Kontrolliere und mache mit der nächsten Zeile weiter.

ohne   sehr   während

....

mehr   ähnlich   ungefähr

....

wohl   fahren   gefährlich

....

fühlen   Lehrer   erzählen

....

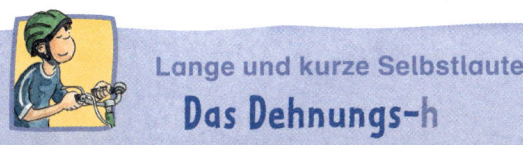

Lange und kurze Selbstlaute
Das Dehnungs-h

Lösung 44 Für jedes auswendig richtig aufgeschriebene Wort gibt es 1 Punkt.

Kontrolliere anhand der Wörter auf der Vorderseite.

TIPP

In diesen Wörtern kannst du das **h** nicht hören. Du musst dir die Wörter daher merken und solltest sie immer wieder üben.

Üben 45 Schreibe die Wörter zu den Bildern auf.

    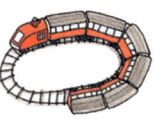

ah: ....

uh: ....

Üben 46 Kreise die Wörter ein, in denen der Selbstlaut durch ein **h** lang gemacht wird. Schreibe sie dann auf.

L	E	H	R	E	R	I	N
O	H	Z	R	Z	O	Ä	W
H	R	Y	Z	A	H	L	V
N	E	F	A	H	R	E	N

....

....

....

Lange und kurze Selbstlaute
Das Dehnungs-h

Lösung **45** Für jedes richtige Wort gibt es 1 Punkt.

ah: Fahrrad, Fahne, Bahn (oder: Eisenbahn)

uh: Uhr, Stuhl

Lösung **46** Für jedes richtige Wort gibt es 1 Punkt.

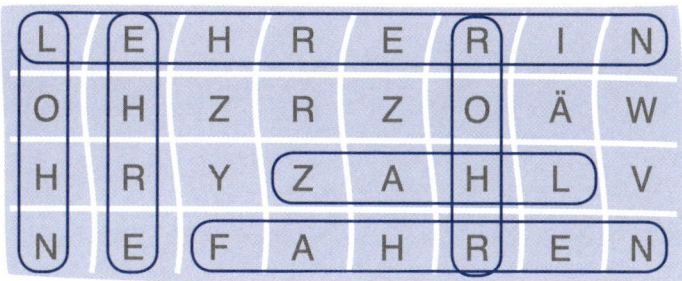

Lehrerin, Lohn, Ehre, Rohr, Zahl, fahren

Üben **47** Suche Reimwörter mit Dehnungs-h und schreibe sie unten auf.

....

....

....

Lösung **47** Für jedes Reimpaar gibt es 1 Punkt.

Hahn – Zahn, Reh – Zeh, Kohl – Wohl,
Schuh – Kuh, Draht – Naht

Üben ㊽ Trage die gesuchten Wörter in das Rätsel ein.
Sie haben alle einen doppelten Selbstlaut.

1. Ein Getränk, das mit heißem Wasser aufgebrüht wird.
2. Zwei, die zusammengehören, nennt man ein …
3. Sie können schwarz, braun, blond, rot oder grau sein.
4. Er ist kalt, weiß und fällt im Winter.
5. Wenn du etwas nicht gut findest, findest du es …
6. Das Gegenteil von voll.
7. Einen guten Einfall nennt man auch eine gute …

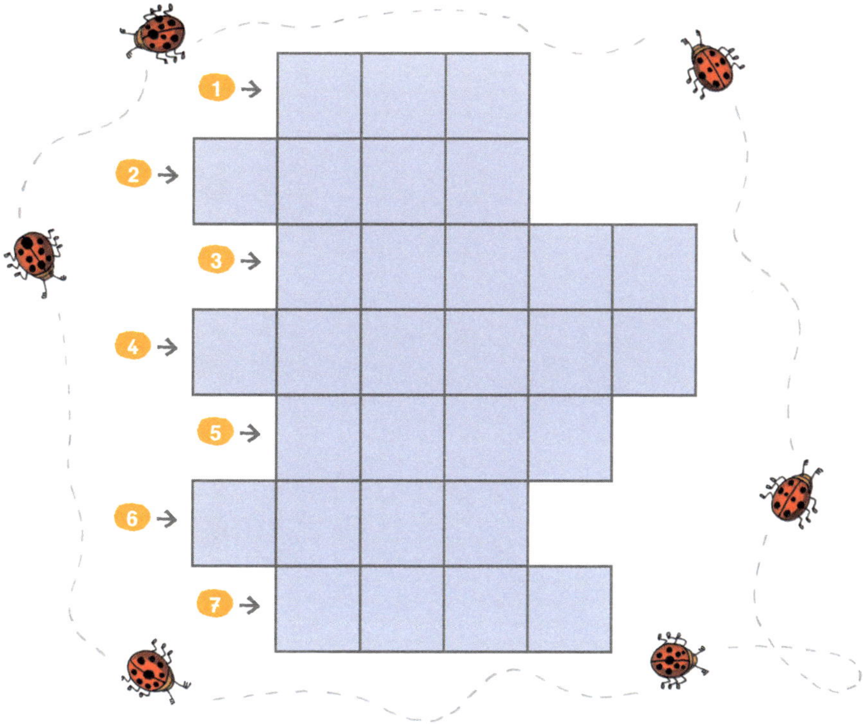

1 →
2 →
3 →
4 →
5 →
6 →
7 →

Lange und kurze Selbstlaute
Lange Selbstlaute: aa, ee und oo

Lösung 48 Für jedes richtige Wort gibt es 1 Punkt.

1 → T E E

2 → P A A R

3 → H A A R E

4 → S C H N E E

5 → D O O F

6 → L E E R

7 → I D E E

TIPP

In manchen Wörtern wird der Selbstlaut gedehnt, indem er verdoppelt wird. Es gibt nur wenige dieser Wörter. Präge sie dir gut ein.

St**aa**t   F**ee**   d**oo**f

Üben ㊾ Trage **aa**, **ee** oder **oo** in die Lücken ein.
Schreibe die Wörter dann auf.

S _ _ l   S _ _   Z _ _

Kl _ _   B _ _ t

M _ _ s   P _ _ r   M _ _ r

Schn _ _   Kaff _ _   H _ _ r

....

....

....

....

....

Lösung ⑭ Für jedes richtige Wort gibt es 1 Punkt.

Saal, **S**ee, **Z**oo, **K**lee, **B**oot (oder: **B**eet), **M**oos, **P**aar,
Moor (oder: **M**eer), **S**chnee, **K**affee, **H**aar (oder: **H**eer)

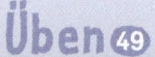

Üben 50 Setze die Nomen zusammen. Male die Wörter, die zusammengehören, in der gleichen Farbe an. Schreibe sie dann unten auf.

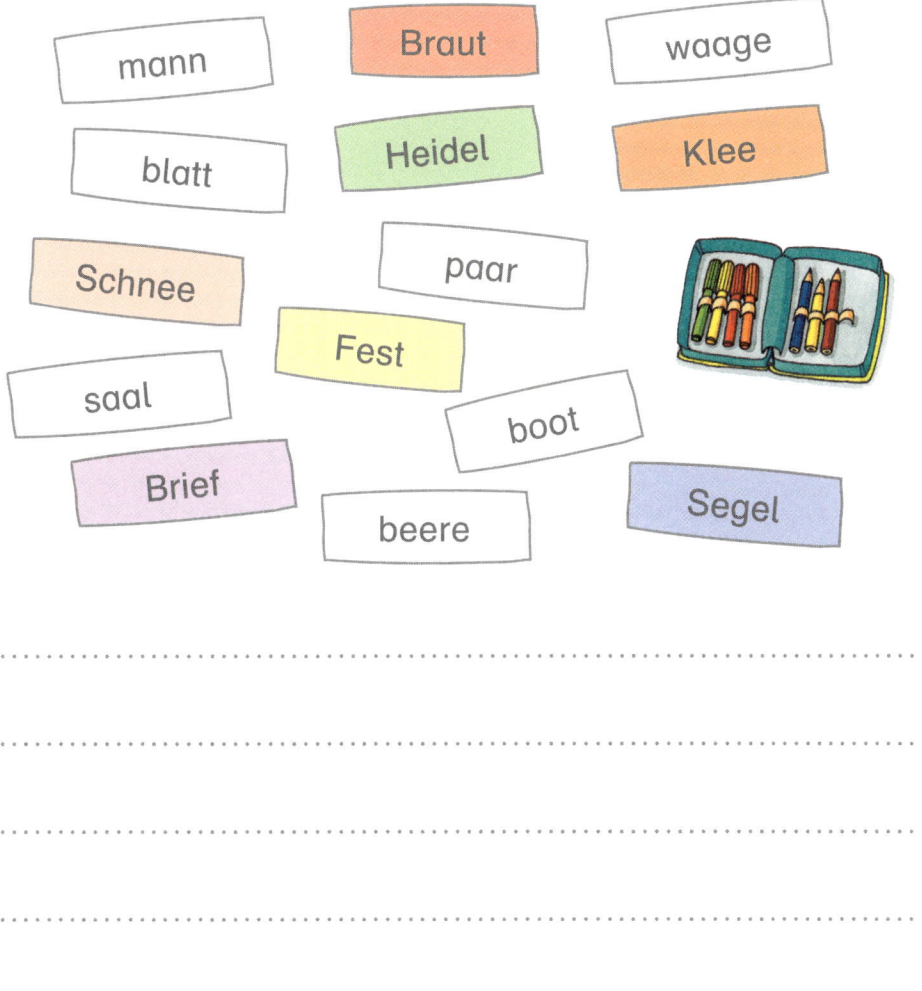

mann

Braut

waage

blatt

Heidel

Klee

Schnee

paar

Fest

saal

boot

Brief

beere

Segel

....

....

....

....

....

Lösung 50 Für jedes richtig zusammengesetzte und aufgeschriebene Nomen gibt es 1 Punkt.

Heidelbeere, Brautpaar, Segelboot, Festsaal, Kleeblatt, Schneemann, Briefwaage

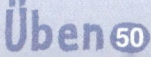

Üben 51 In jeder Reihe passt ein Wort nicht.
Streiche es durch.

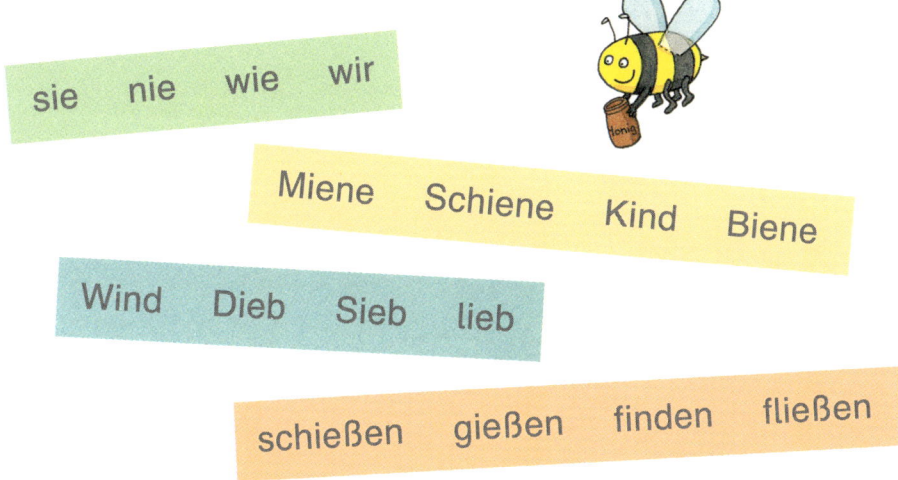

sie   nie   wie   wir

Miene   Schiene   Kind   Biene

Wind   Dieb   Sieb   lieb

schießen   gießen   finden   fließen

Üben 52 Schreibe die Reimwörter aus Üben 51 auf.
Kreise **ie** ein.

sie,

....

....

....

....

Lange und kurze Selbstlaute
Lange Selbstlaute: ie

Lösung 51 Für jedes gefundene Wort gibt es 1 Punkt.

Reihe 1: wir   Reihe 2: Kind

Reihe 3: Wind   Reihe 4: finden

Lösung 52 Für jede Reimgruppe ohne Fehler und mit Einkreisungen gibt es 1 Punkt.

sie, nie, wie
Miene, Schiene, Biene
Dieb, Sieb, lieb
schießen, gießen, fließen

TIPP

Einen lang gesprochenen **i**-Laut schreibt man meistens mit **ie**.

nie   niesen

Üben **53** Löse das Silbenrätsel.

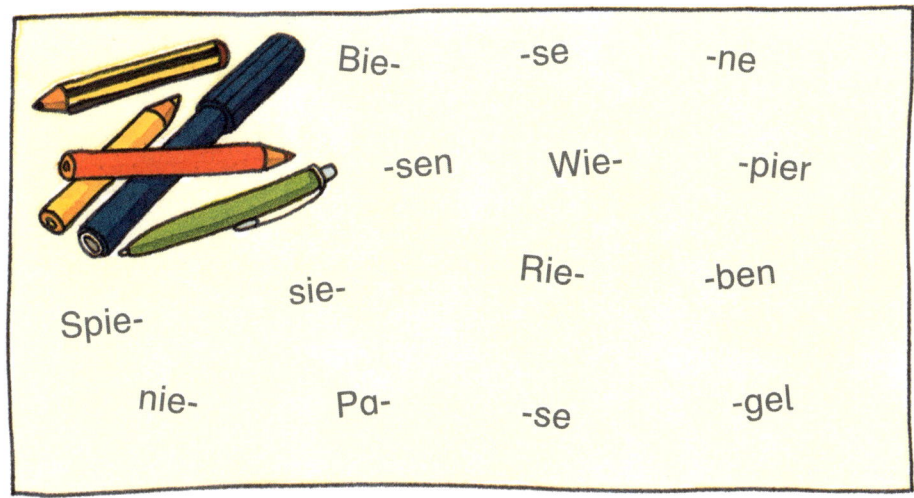

Bie-   -se   -ne

-sen   Wie-   -pier

sie-   Rie-   -ben

Spie-

nie-   Pa-   -se   -gel

Ein Insekt, das stechen kann: ....

Das Gegenteil von Zwerg: ....

Blumen blühen auf der ....

Wer Schnupfen hat, muss ....

Darin kann man sich sehen: ....

Darauf kann man schreiben: ....

Die Zahl zwischen sechs und acht: ....

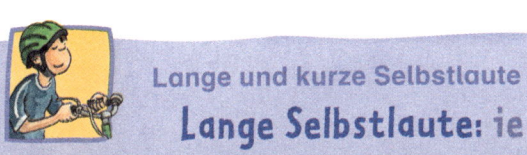

Lange und kurze Selbstlaute
Lange Selbstlaute: ie

Lösung 53 Für jede richtige Lösung gibt es 1 Punkt.

Ein Insekt, das stechen kann: **Biene**

Das Gegenteil von Zwerg: **Riese**

Blumen blühen auf der **Wiese.**

Wer Schnupfen hat, muss **niesen.**

Darin kann man sich sehen: **Spiegel**

Darauf kann man schreiben: **Papier**

Die Zahl zwischen sechs und acht: **sieben**

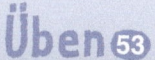

Üben 54 Baue Nomen mit dem Wortbaustein **el**.
Schreibe sie mit Artikel auf.

Tromm

Zipf

Stief

Löff

Stap

Taf

Ins

el

die Trommel

....

....

....

....

....

....

Üben 55 Schreibe zu den Bildern Nomen mit der
Endung **el** auf.

....

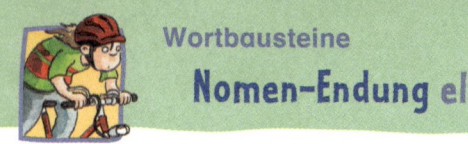

Lösung 54 Für jedes richtige Wort gibt es 1 Punkt.

die Trommel, der Zipfel, der Stiefel, der Löffel,
der Stapel, die Tafel, die Insel

Lösung 55 Für jedes richtige Wort gibt es 1 Punkt.

Äpfel, Igel, Stempel

> ### TIPP
>
> Nomen enden oft mit dem Wortbaustein **el**.
> Sprich beim Schreiben deutlich mit, damit du jeden
> Buchstaben hörst und keinen vergisst.
> die Amp**el**   der Mant**el**

Üben 56 Schreibe die Wörter auf. Achte auf den
Wortbaustein **er** am Ende des Wortes.
Sprich deutlich mit, denn ein Wort endet mit **ar**!

der S................................   das Pf................................

die F................................   das D................................

der B................................   der V................................

die B................................   das W................................

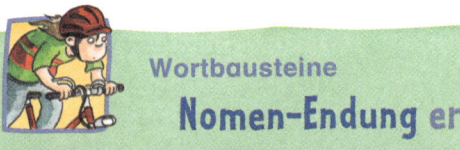

Wortbausteine

Nomen-Endung er

Lösung 56 Für jedes richtige Wort gibt es 1 Punkt.

der Sieger, das Pflaster, die Feder, das Dromedar,
der Bagger, der Vater, die Butter, das Wetter

TIPP

Nomen enden oft mit dem Wortbaustein **er**.
Sprich beim Schreiben deutlich mit, damit du jeden
Buchstaben hörst und keinen vergisst.
der Vat**er**   der Brud**er**

Üben **57**

Verbinde die Wortbausteine miteinander und trage die Verbformen dann in die Tabelle ein. Gib bei der Verbindung mit **st** besonders acht!

renn · en · st · t

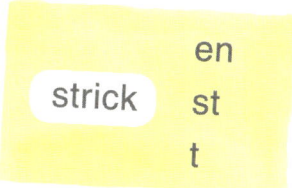

strick · en · st · t

steig · en · st · t

wink · en · st · t

Grundform	du-Form	er/sie/es-Form
rennen	rennst	

Wortbausteine

Verb-Endungen: st und t

Lösung 57 Für jede richtige Verbform in der Tabelle gibt es 1 Punkt.

Grundform	du-Form	er/sie/es-Form
rennen	rennst	rennt
stricken	strickst	strickt
steigen	steigst	steigt
winken	winkst	winkt

TIPP

Überprüfe die Verben in der du-Form genau.
Beim Schreiben der Endung **st** können sich leicht
Fehler einschleichen.

Üben 58 Wer macht was? Verbinde und ergänze die Verben in der richtigen Form

Bob (rattern) .... mit dem Presslufthammer.

Emily (föhnen) .... sich schon seit Stunden.

Ron (feuern) .... seine Mannschaft an.

Lennox (spielen) .... auf der Flöte.

Und was (machen) .... du?

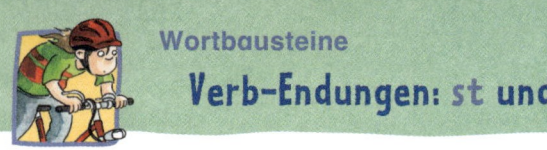
Lösung 58 Für jedes richtig eingesetzte Verb gibt es
1 Punkt.

Bob **rattert** mit dem Presslufthammer.

Emily **föhnt** sich schon seit Stunden.

Ron **feuert** seine Mannschaft an.

Lennox **spielt** auf der Flöte.

Und was **machst** du?

Üben 59 Bilde aus den Nomen Adjektive, indem du -ig oder -lich anhängst.

Nomen	Adjektiv
Mut	mutig
Eis	
Freund	
Durst	
Berg	
Herz	
Lust	
Glück	
Fest	

Wortbausteine
Adjektivendungen: -ig und -lich

Lösung⑤⑨ Für jedes richtig gebildete Adjektiv gibt es 1 Punkt.

Nomen	Adjektiv
Mut	mut**ig**
Eis	eis**ig**
Freund	freund**lich**
Durst	durst**ig**
Berg	berg**ig**
Herz	herz**lich** (oder herz**ig**)
Lust	lust**ig**
Glück	glück**lich**
Fest	fest**lich**

TIPP

Viele Adjektive kann man von Nomen ableiten. Sie enden oft auf **-ig** oder **-lich**: **Neugier – neugierig**. Ob man das Adjektiv mit **-ig** oder **-lich** schreibt, erkennst du, wenn du es verlängerst: **neugierig – neugieriger.**

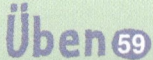

Üben 60 Verbinde, was zusammengehört. Schreibe die Adjektive unten auf.

Unglück

Ehre

räumlich

staubig

Vernunft

unglücklich

vernünftig

ehrlich

Raum

Staub

....

....

....

Lösung 60 Für jede richtige Verbindung gibt es 1 Punkt.
Für jedes richtig aufgeschriebene Adjektiv gibt es
ebenfalls 1 Punkt.

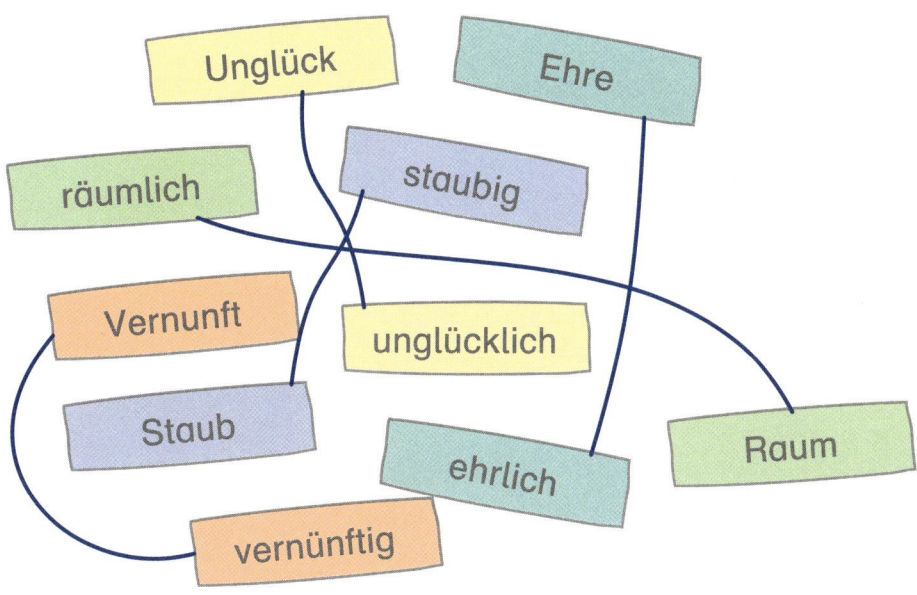

Adjektive: räumlich, staubig, unglücklich,
vernünftig, ehrlich

Üben 61 Setze die Wörter mit dem Wortbaustein Vor/vor passend in die Lücken ein.

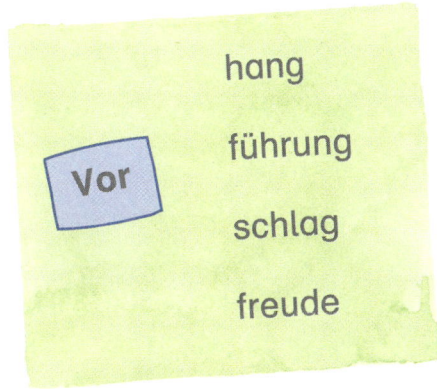

Vor
hang
führung
schlag
freude

vor
gekommen
züglich

Die Kinder wollen eine .... machen. Der .... öffnet sich. Die .... ist groß! Oft ist es ...., dass die Kinder zu leise sprechen. Die Lehrerin hat den .... gemacht, ein Mikrofon zu benutzen. Alles klappt ....

Wortbausteine
Wortbaustein: Vor/vor

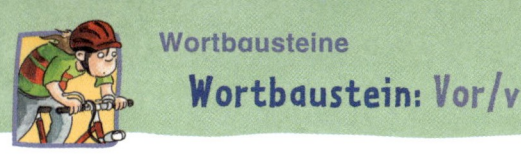
Lösung 61 Für jedes richtig eingesetzte Wort gibt es
1 Punkt.

Die Kinder wollen eine **Vorführung** machen. Der
Vorhang öffnet sich. Die **Vorfreude** ist groß! Oft ist es
vorgekommen, dass die Kinder zu leise sprechen. Die
Lehrerin hat den **Vorschlag** gemacht, ein Mikrofon zu
benutzen. Alles klappt **vorzüglich**.

TIPP

Wörter mit den Wortbausteinen **Vor/vor** oder **Ver/
ver** klingen am Anfang wie (f). Man schreibt sie
aber mit **V/v**.

die **Vor**sicht   **vor**tragen
die **Ver**sicherung   **ver**handeln

Üben 62 Im Wörtergitter findest du Wörter mit dem Wortbaustein **Ver/ver**. Kreise sie ein und schreibe sie auf.

S	A	V	E	R	K	E	H	R	W
C	V	E	R	L	I	E	R	E	N
E	C	V	E	R	S	T	E	C	K
B	V	E	R	B	A	N	D	G	W
V	E	R	L	I	E	B	E	N	T
T	V	E	R	T	E	I	L	E	N

Ver: ....

ver: _verlieren_ ....

....

....

Wortbausteine

Wortbaustein: Ver/ver

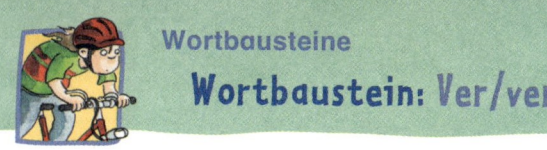

Wortbausteine

Wortbaustein: Ver/ver

Lösung 62 Für jedes richtige Wort gibt es 1 Punkt.

S	A	V	E	R	K	E	H	R	W
C	V	E	R	L	I	E	R	E	N
E	C	V	E	R	S	T	E	C	K
B	V	E	R	B	A	N	D	G	W
V	E	R	L	I	E	B	E	N	T
T	V	E	R	T	E	I	L	E	N

Ver: Verkehr, Versteck, Verband

ver: verlieren, verlieben, verteilen

Üben 62 ▢ **Punkte**

Üben ⑥③ Errate die folgenden Nomen. Schreibe sie auf.

Ich sehe was, was du nicht siehst …

… und das ist gelb und rund: der ....

… und davon gibt es 12 Stück: die ....

… und das ist gelb und duftet: die ....

… nämlich das Gefühl im Gesicht des Kindes,

das Roller fährt.

die ....

Lösung ⑥³ Für jedes richtige Wort gibt es 1 Punkt.

der Ball

die Menschen

die Blume

die Freude (oder: die Zufriedenheit)

TIPP

Die meisten Wörter der deutschen Sprache werden kleingeschrieben. Nomen werden aber großgeschrieben.

Du kannst verschiedene Proben durchführen, um ein Nomen zu erkennen.

Nomen-Probe 1: Prüfe, ob du es sehen, anfassen, zählen oder haben kannst.

das **H**aus   das **H**alsweh

Üben 64 Entscheide, ob das Wort ein Nomen ist, und kreuze an. Prüfe dazu bei jedem Wort, ob du einen Artikel davorstellen kannst.

	Nomen	kein Nomen
ZWISCHEN		
ANGST		
LUFT		
DICK		
RENNAUTO		
LECKER		

Schreibe die Nomen mit Artikel auf.

....

....

Lösung 64 Für jedes richtige Kreuz gibt es 1 Punkt. Für richtig aufgeschriebene Nomen gibt es auch 1 Punkt.

	Nomen	kein Nomen
ZWISCHEN		X
ANGST	X	
LUFT	X	
DICK		X
RENNAUTO	X	
LECKER		X

die Angst

die Luft

das Rennauto

TIPP

Nomen-Probe 2: Prüfe, ob du einen Artikel vor das Wort stellen kannst.

Üben 65

Erkennst du alle Nomen? Prüfe, ob du die Mehrzahl bilden kannst, und schreibe sie auf. Streiche die Wörter, die keine Nomen sind, durch.

BAGGER

GESTREIFT

BILD

GESCHENK

WOLKIG

STUHL

VERIRREN

AMEISE

BADEWANNE

viele Bagger,

....

....

Wie viele Nomen sind es?

Lösung 65 Für jedes Nomen gibt es 1 Punkt.

viele Bagger, viele Bilder, viele Stühle, viele Geschenke,
viele Ameisen, viele Badewannen

Wie viele Nomen sind es? 6

TIPP

Ein Merkmal von Nomen ist es, dass sie meistens in der Einzahl und der Mehrzahl vorkommen
können.
Nomen-Probe 3: Prüfe, ob du die Einzahl oder
die Mehrzahl bilden kannst.

Üben 66 Welche Nomen stecken in diesen zusammengesetzten Wörtern? Trenne sie ab und schreibe sie mit Artikel auf.

die Schnee|ballschlacht: **der Schnee,**

....

der Briefkastenschlüssel:

....

das Pausenbrot:

....

das Tischbein:

....

der Fußballweltmeister:

....

Lösung 66 Für jedes richtige Wort mit Artikel gibt es
1 Punkt.

die Schnee|ball|schlacht: der Schnee, der Ball,
die Schlacht
der Brief|kasten|schlüssel: der Brief, der Kasten,
der Schlüssel
das Pausen|brot: die Pause, das Brot
das Tisch|bein: der Tisch, das Bein
der Fuß|ball|welt|meister: der Fuß, der Ball, die Welt,
der Meister

Üben ⑥⑦ Setze jeweils die beiden Nomen zusammen.

 +

die ....

 +

der ....

 +

der ....

 +

der ....

Lösung 67 Für jedes richtige Wort gibt es 1 Punkt.

die Haustür
der Apfelbaum
der Tomatensalat
der Vogelkäfig

Üben ⑱ Markiere im Text alle 12 Nomen. Wende verschiedene Nomen-Proben an. Schreibe die Nomen dann unten mit Artikel auf.

VIELE KINDER WÜNSCHEN SICH EIN HAUSTIER,
FÜR DAS SIE SORGEN KÖNNEN. SEHR BELIEBT
SIND HUNDE, HASEN, KATZEN ODER
HAMSTER. IN DEN FERIEN MÜSSEN DIE
TIERE ABER AUCH VERSORGT WERDEN,
DENN SIE HABEN DURST UND HUNGER.
UND EIN HUND BRAUCHT VIEL BEWEGUNG.

....

....

....

....

....

Groß- und Kleinschreibung
Nomen

Lösung 68 Für jedes richtig aufgeschriebene Nomen
mit Artikel gibt es 1 Punkt.

die Kinder, das Haustier, die Hunde, die Hasen,
die Katzen, die Hamster, die Ferien, die Tiere,
der Durst, der Hunger, der Hund, die Bewegung

TIPP

Erinnere dich an die drei Proben zum Erkennen
von Nomen:

1. Kannst du das Wort sehen, anfassen, zählen
   oder haben?
2. Kannst du einen Artikel vor das Wort stellen?
3. Kannst du die Einzahl oder die Mehrzahl bilden?

Üben ⑥⑨ Finde jeweils zwei Sätze. Schreibe sie auf und setze die richtigen Satzzeichen. Markiere den Satzanfang.

WO SIND NUR TIMS TURNSCHUHE ER WILL ZUM TRAINING

....

....

TIM SUCHT ÜBERALL ENDLICH FINDET ER DIE SCHUHE

....

....

JETZT ABER SCHNELL FAST WÄRE TIM ZU SPÄT GEKOMMEN

....

....

....

Groß- und Kleinschreibung
Der Satzanfang

Lösung 69 Für jeden richtigen Satz mit Markierung gibt es 1 Punkt.

Wo sind nur Tims Turnschuhe? Er will zum Training.
Tim sucht überall. Endlich findet er die Schuhe.
Jetzt aber schnell! Fast wäre Tim zu spät gekommen.

TIPP

Das erste Wort in einem Satz musst du immer großschreiben. Nach einem Punkt, Ausrufezeichen oder Fragezeichen schreibst du groß weiter.

Üben 70

Kreuze an, wie du nach den folgenden Satzzeichen schreibst. Setze dann die fehlenden Buchstaben ein.

	groß	klein	
?	☐	☐	Was soll Lea bloß machen?
			___er Reifen ist platt.
!	☐	☐	Plötzlich hat sie eine Idee!
			___estimmt kann Ben ihr helfen.
,	☐	☐	Lea lacht, ___ennt nach Hause und
			ruft Ben an.
.	☐	☐	Aber Ben hat keine Zeit. ___r muss
			auf seinen Bruder aufpassen.

Groß- und Kleinschreibung
Der Satzanfang

Lösung 70 Für jedes richtige Kreuz und den richtigen eingesetzten Buchstaben gibt es 1 Punkt.

	groß	klein	
?	X		Was soll Lea bloß machen?
			D er Reifen ist platt.
!	X		Plötzlich hat sie eine Idee!
			B estimmt kann Ben ihr helfen.
,		X	Lea lacht, r ennt nach Hause und ruft Ben an.
.	X		Aber Ben hat keine Zeit. E r muss auf seinen Bruder aufpassen.

Üben ❼ Ordne die Wörter und bilde Sätze. Schreibe sie mit den richtigen Satzzeichen auf. Markiere die Satzanfänge.

auf Leute den viele warten Bus

bleibt er bloß denn wo

endlich da er kommt

mist ein so

voll ist schon er

....

....

....

....

....

Lösung 71 Für jeden richtig geschriebenen Satz gibt es
1 Punkt. Für jedes richtige Satzzeichen gibt es ebenfalls
1 Punkt.

Viele Leute warten auf den Bus.

Wo bleibt er denn bloß?

Da kommt er endlich!

So ein Mist!

Er ist schon voll.

Üben 72

Verben beschreiben, was man tut oder was passiert. Sie werden in der Regel kleingeschrieben. Finde alle Verben, unterstreiche sie und schreibe sie in ihrer Grundform auf.

Die Klasse 2 b feiert heute ein Klassenfest. Zum Glück regnet es nicht. Zuerst zeigen die Kinder ihren Eltern das Klassenzimmer. Dann gehen alle gemeinsam zum Abenteuerspielplatz. Dort grillen sie Würstchen und Stockbrot. Danach schwanken Anni und Kalle über die Hängebrücke. Lukas und Leon kraxeln über die Kletterfelsen, Mia schaukelt, Leni klettert, Henry und Amelie wippen ... Was für ein schönes Fest!

....

....

....

Groß- und Kleinschreibung
Verben

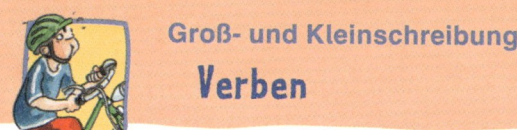
Lösung 72 Für jedes unterstrichene und richtig aufgeschriebene Verb gibt es 1 Punkt.

Die Klasse 2 b <u>feiert</u> heute ein Klassenfest. Zum Glück <u>regnet</u> es nicht. Zuerst <u>zeigen</u> die Kinder ihren Eltern das Klassenzimmer. Dann <u>gehen</u> alle gemeinsam zum Abenteuerspielplatz. Dort <u>grillen</u> sie Würstchen und Stockbrot. Danach <u>schwanken</u> Anni und Kalle über die Hängebrücke. Lukas und Leon <u>kraxeln</u> über die Kletterfelsen, Mia <u>schaukelt</u>, Leni <u>klettert</u>, Henry und Amelie <u>wippen</u> ... Was für ein schönes Fest!

feiern, regnen, zeigen, gehen, grillen, schwanken, kraxeln, schaukeln, klettern, wippen

Üben 73

Adjektive beschreiben, wie jemand oder etwas ist. Sie werden in der Regel kleingeschrieben. Schreibe die passenden Adjektive in die Lücken.

fröhlich   grau   traurig   blond

wütend   freundlich   braun   grün

Henry ist nicht ....,

sondern ....

Elsas Haare sind nicht ....,

sondern ....

Pia ist nicht ....,

sondern ....

Marlons Pulli ist nicht ....,

sondern ....

Groß- und Kleinschreibung
Adjektive

Lösung ⑦ Für jedes richtig eingesetzte Adjektiv gibt es
1 Punkt.

Henry ist nicht **fröhlich**, sondern **traurig**.
Elsas Haare sind nicht **blond**, sondern **braun**.
Pia ist nicht **freundlich**, sondern **wütend**.
Marlons Pulli ist nicht **grau**, sondern **grün**.

Trage hier ein, wie viele Punkte du bei den Übungen erreicht hast und ob die Aufgaben für dich leicht 😊 oder schwer 🙁 waren.

Grundwissen	Punktzahl	Erreichbare Punktzahl	😊	🙁
Üben 1		2		
Üben 2		7		
Üben 3		6		
Üben 4		4		
Üben 5		5		
Üben 6		5		
Üben 7		5		
Üben 8		5		
Üben 9		9		
Üben 10		17		
Üben 11		4		
Üben 12		8		
Üben 13		9		
Üben 14		10		
Üben 15		6		
Üben 16		15		
Gesamtpunktzahl		117		

Trainingsergebnisse

Trainingsergebnisse

Laute, Buchstaben und Wörter	Punktzahl	Erreichbare Punktzahl	🙂	🙁
Üben 17		13		
Üben 18		8		
Üben 19		3		
Üben 20		9		
Üben 21		9		
Üben 22		6		
Üben 23		6		
Üben 24		12		
Üben 25		6		
Üben 26		7		
Üben 27		5		
Üben 28		4		
Üben 29		8		
Üben 30		8		
Üben 31		10		
Üben 32		5		
Üben 33		12		
Üben 34		15		
Gesamtpunktzahl		146		

	Lange und kurze Selbstlaute	Punktzahl	Erreichbare Punktzahl	🙂	🙁
Üben 35			6		
Üben 36			4		
Üben 37			5		
Üben 38			10		
Üben 39			7		
Üben 40			12		
Üben 41			8		
Üben 42			16		
Üben 43			10		
Üben 44			12		
Üben 45			5		
Üben 46			6		
Üben 47			5		
Üben 48			7		
Üben 49			11		
Üben 50			7		
Üben 51			4		
Üben 52			4		
Üben 53			7		
Gesamtpunktzahl			146		

Trainingsergebnisse

Wortbausteine	Punktzahl	Erreichbare Punktzahl	😃	🙁
Üben 54		6		
Üben 55		3		
Üben 56		8		
Üben 57		10		
Üben 58		5		
Üben 59		8		
Üben 60		10		
Üben 61		6		
Üben 62		5		
Gesamtpunktzahl		61		

Groß- und Kleinschreibung	Punktzahl	Erreichbare Punktzahl	🙂	🙁
Üben 63		4		
Üben 64		9		
Üben 65		5		
Üben 66		13		
Üben 67		4		
Üben 68		12		
Üben 69		6		
Üben 70		4		
Üben 71		10		
Üben 72		10		
Üben 73		8		
Gesamtpunktzahl		85		

Endergebnis: .... von **555** erreichbaren Punkten.

Trainingsergebnisse

bis 235 Punkte: Prima, dass du alle Aufgaben bearbeitet und so fleißig trainiert hast! Du solltest jedoch noch weiter üben, um sicherer im Rechtschreiben zu werden. Das Buch „Wissen – Üben – Testen: Deutsch 2. Klasse" kann dir helfen: Dort findest du im Kapitel „Richtig schreiben" viele Übungen.

236 bis 395 Punkte: Du hast vieles richtig gemacht und toll durchgehalten! Wenn du weiter regelmäßig trainierst, kannst du zu einem richtigen Rechtschreibprofi werden! Dazu solltest du dir die Aufgaben nochmals genau ansehen, bei denen du in den Trainingsergebnissen dieses Zeichen angekreuzt hast: ☹.

396 bis 555 Punkte: Herzlichen Glückwunsch! Du bist fit im Rechtschreiben! Nun ist es wichtig, dass du durch regelmäßiges Training deine gute Form hältst: Suche dir für die Freiarbeit in der Schule oder zum Üben zu Hause immer wieder Rechtschreibaufgaben aus.

Pausenwitze!

Super! Du hast den ganzen Block geschafft! Zum Schluss gibt's noch etwas zu lachen. Aber aufgepasst! In jedem Witz hat sich ein Fehler versteckt. Findest du sie alle?

Opa: „Na, wie gefellt es dir in der Schule?"
Emilia: „Eigentlich gut. Schade nur, dass unser Lehrer so wenig weiß. Ständig stellt er Fragen."

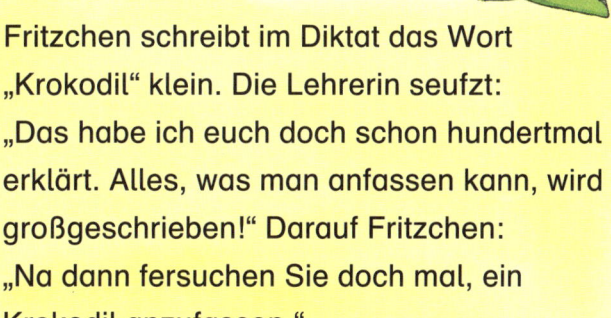

Fritzchen schreibt im Diktat das Wort „Krokodil" klein. Die Lehrerin seufzt: „Das habe ich euch doch schon hundertmal erklärt. Alles, was man anfassen kann, wird großgeschrieben!" Darauf Fritzchen: „Na dann fersuchen Sie doch mal, ein Krokodil anzufassen."

Lehrerin: „Noah, wie alt bist du?"
Noah: „Sieben!"
Lehrerin: „Und was Möchtest du mal werden?"
Noah: „Acht!"

Lehrer: „Wer von euch kann mir sechs Tiere nenen, die in Australien leben?"
Meldet sich Leon:
„Ein Känguru und fünf Koalas."

Pausenwitze für Rechtschreibprofis

Opa: „Na, wie ~~gefellt~~ es dir in der Schule?"
Emilia: „Eigentlich gut. Schade nur, dass unser Lehrer so wenig weiß. Ständig stellt er Fragen." **gefällt**

Fritzchen schreibt im Diktat das Wort „Krokodil" klein. Die Lehrerin seufzt: „Das habe ich euch doch schon hundertmal erklärt. Alles, was man anfassen kann, wird großgeschrieben!" Darauf Fritzchen: „Na dann ~~fersuchen~~ Sie doch mal, ein Krokodil anzufassen." **versuchen**

Lehrerin: „Noah, wie alt bist du?"
Noah: „Sieben!"
Lehrerin: „Und was ~~Möchtest~~ du mal werden?"
Noah: „Acht!" **möchtest**

Lehrer: „Wer von euch kann mir sechs Tiere ~~nenen~~, die in Australien leben?"
Meldet sich Leon:
„Ein Känguru und fünf Koalas." **nennen**